EMG3-0113
合唱楽譜<J-POP>
J-POP CHORUS PIECE

合唱で歌いたい！ J-POPコーラスピース

混声3部合唱

ヒカレ

（ゆず）

作詞：北川悠仁　作曲：北川悠仁、JIN　合唱編曲：西條太貴

●●● 演奏のポイント ●●●

♪コーラスのシンコペーションの動きは、跳ねずにテヌート気味に歌いましょう。2拍3連のようなリズムで捉えると良いでしょう。

♪[E]の「ヒカレ」の「レ」の音は減衰しないようにしっかり腹筋を使い、音を張るように歌いましょう。

♪[I]からはコーラスのみになります。全体のハーモニーをよく感じて歌いましょう。

♪ピアノ伴奏は、歌を引っ張るように前向きに演奏しましょう。スピード感を持って歯切れ良く演奏すると、曲にメリハリがつきます。

【この楽譜は、旧商品『ヒカレ〔混声3部合唱〕』（品番：EME-C3120）とアレンジ内容に変更はありません。】

ELEVATO MUSIC ENTERTAINMENT

ヒカレ

作詞:北川悠仁　作曲:北川悠仁、JIN　合唱編曲:西條太貴

8
A
こ ーーかへー おきわすーれーたゆめとおいーものがーた
こ ーーかへー おきわすーれーたゆめとおいーものがーた
こ ーーかへー おきわすーれーたゆめとおいーものがーた
A
F
C
Dm
Am
mp
12
mf
り「かなわ ない」そうやってーじぶんに いいきかせていたそ
り「かなわ ない」そうやってーじぶんに いいきかせていた
り「かなわ ない」そうやってーじぶんに いいきかせていた
B♭
Am
Dm7
E♭
Csus4
16
B
れ ーーでもー きこえてーくーるこのこえーはどこーか
れ ーーかがー おいかけーるーゆめぼくをーおいこーして(い)
mf
Woo
それでも このこえーはどこーか
だれかが (ワ)ぼくをーおいこーして(い)
mf
Woo
きこえてーくーるこのこえーはどこーか
おいかけーるーゆめぼくをーおいこーして(い)
B
F
C/E
Am
Dm
mf marc.

20
ら こ こ ろ の お く で な り ひ び く ー
く ま ぶ し く て め を そ む け た ー ー
ら こ こ ろ の お ー く で な り ひ ー び く
く ま ぶ し く て ー め を (ｿ) そ む ー け た
ら こ こ ろ の お く で な り ひ び く ー
く ま ぶ し く て め を そ む け た ー ー
B♭M7 Csus4 C F F7
24 C
つ き う ご か す ー
き も ち な ん て ー
La la la
と つ ぜ ん ー つ き う ご か す お さ え き れ ない しょう ー ー ど う
ほ ん と(う)の ー き も ー ち なん て だ れ に も ー い え な か ーっ た
と つ ぜ ん ー つ き う ご か す お さ え き れ ない しょう ー ー ど う
ほ ん と(う)の ー き も ー ち なん て だ れ に も ー い え な か ーっ た
C B♭ C Am7 Dm B♭ C F
28
(V) div. unis. f
la la la la
な ん ど で も ま だ ま ー に あ う ー か
き み だ け に き い て ー く れ る ー か
f
は じ ま り ー つ げ る お ー と な ん ー ど で ー も ー ま だ ま ー に あ う ー か
は じ め て ー つ た え る ー よ き み ー だ け ー に ー き い て ー く れ る ー か
f
La la la
な ん ー ど で ー も ー ま だ ま ー に あ う ー か
き み ー だ け ー に ー き い て ー く れ る ー か
B♭ C A7 Dm B♭m B♭m7/D♭

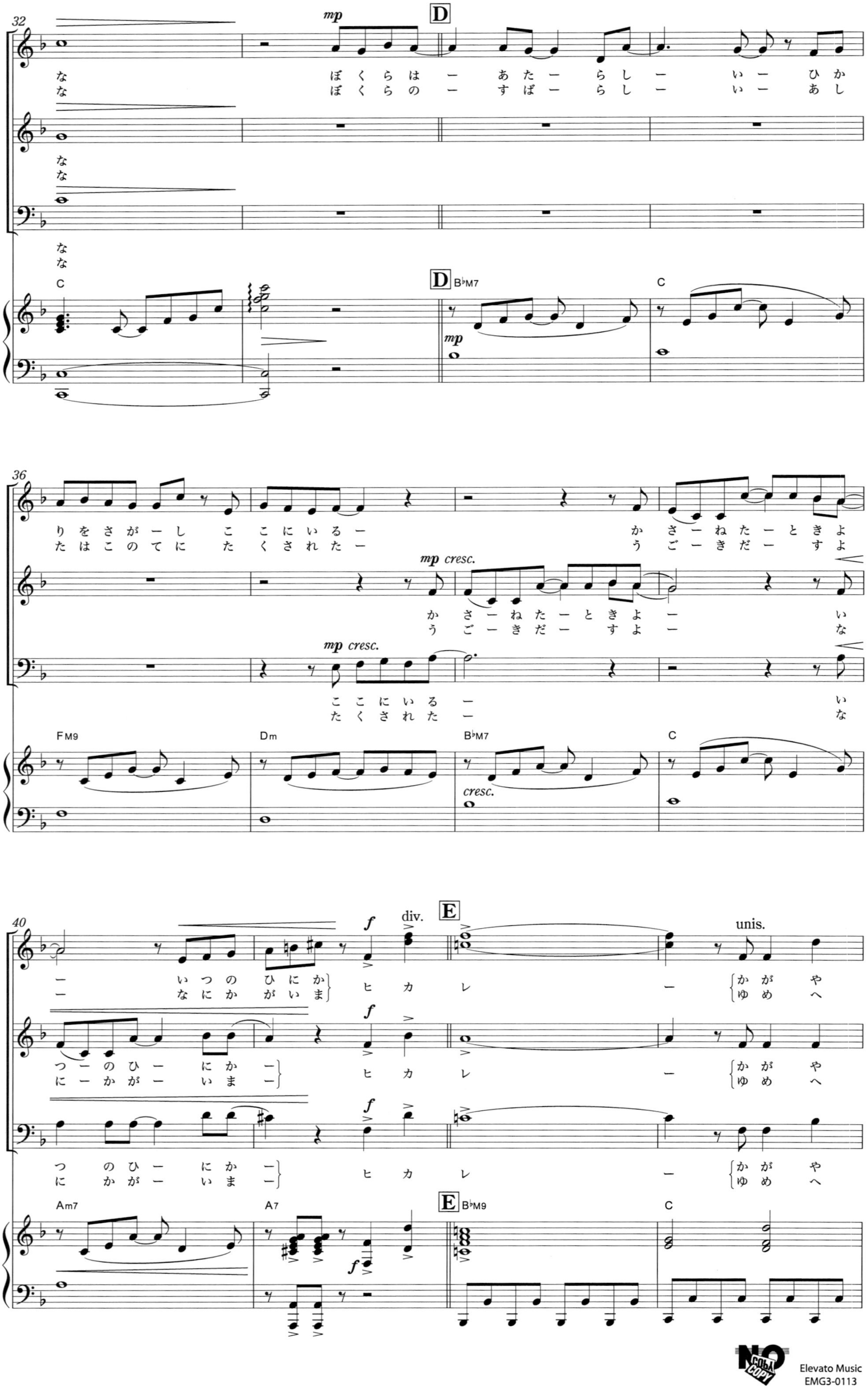
32
mp
D
なな
なな
ぼくらはー あたーらしー いーひか
ぼくらのー すばーらしー いーあし
なな
なな
なな
なな
C
D B♭M7
C
mp
36
りをさがーし ここにいるー かさーねたーときよ
たはこのてに たくされたー うごーきだーすよ
mp cresc.
かさーねたーときよー い
うごーきだーすよー な
mp cresc.
ここにいるー い
たくされたー な
FM9
Dm
B♭M7
C
cresc.
40
f
div.
E
unis.
ー いつの ひにか ヒカレ ー かがや
ー なにか がいま ヒカレ ー ゆめへ
f
つーのひー にかー ヒカレ ー かがや
にーかがー いまー ヒカレ ー ゆめへ
f
つのひー にかー ヒカレ ー かがや
にかがー いまー ヒカレ ー ゆめへ
Am7
A7
E B♭M9
C
f

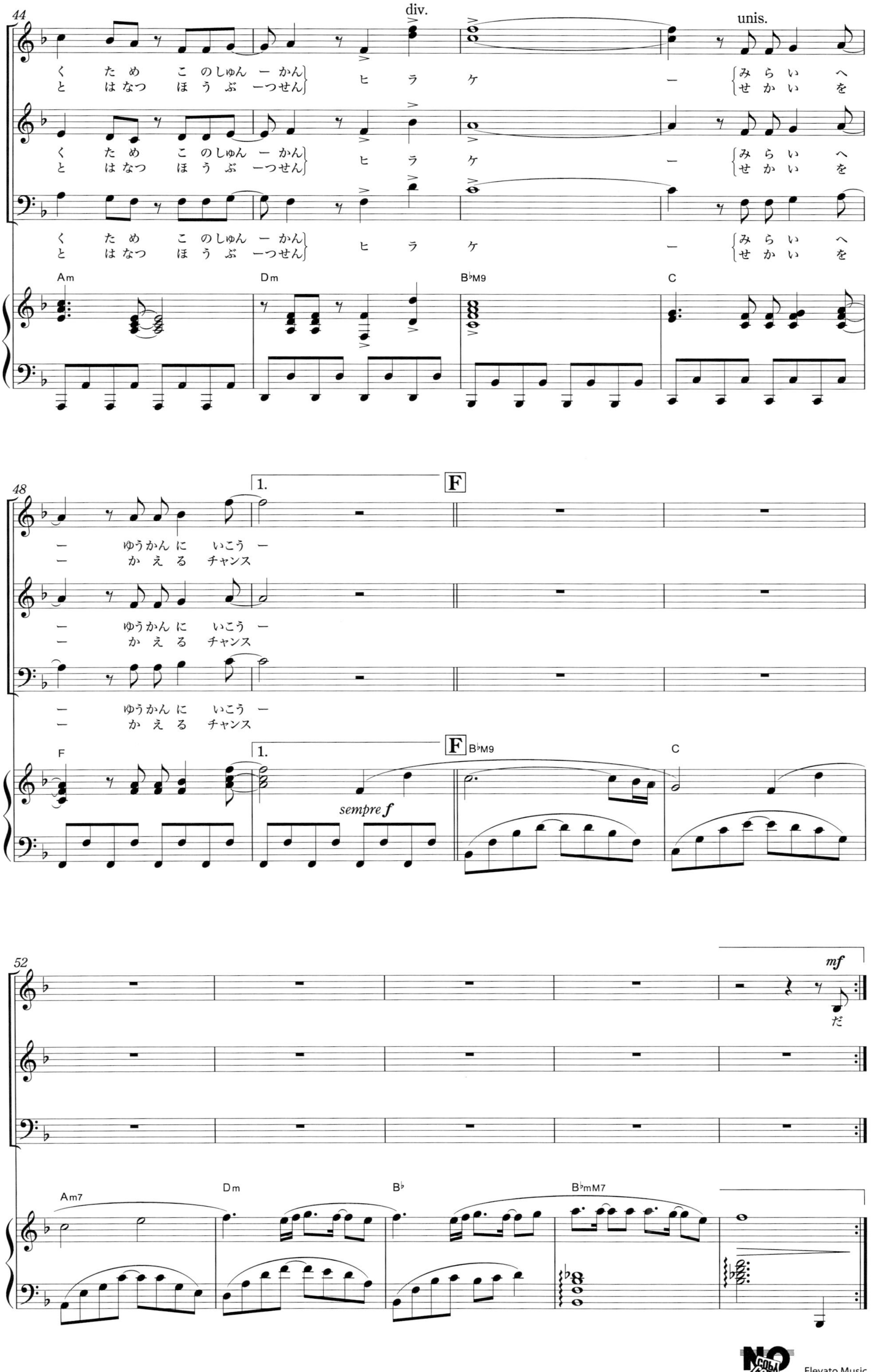
44
div.
unis.
く た め こ のしゅん ー かん
と はなつ ほ う ぶ ーつせん
ヒ ラ ケ ー
み ら い へ
せ か い を
Am
Dm
B♭M9
C
48
1.
F
ー ゆうかんに いこう ー
ー か え る チャンス
sempre f
52
mf
だ
Am7
B♭
B♭mM7

57
2.
mf
G
ー あ り ー ー が と う わ か
ー あ り ー ー が と う わ か
ー あ り ー ー が と う わ か
B♭
C
60
ーっ て ー き た す ー べ て い ー み に な ー る ね
ーっ て ー き た す ー べ て い ー み に な ー る ね
ーっ て ー き た す ー べ て い ー み に な ー る ね
Am
Dm7
B♭M9
B♭m
64
f
H
な り たい ー じ ぶん に ー な れ る ー な ら もう
な り たい ー じ ぶん に ー な
もう
F
F7
cresc.
B♭M9
C

68
いちどー あのひにも どれるー なら おい か けてはかな くき えた ね
れ るー なら もう いちどー あのひにも どれるー ならはかな くき えた ね
いちどー あのひにも どれるー なら Woo はかな
Am7 Dm B♭ C
72
が いの かけ らー たち あっ
が いの かけ らー たち し が みー ついて いたーい プ ラ イー ド を あっ
くき えた かけ らー たち し が みー ついて いたーい プ
F B♭M9 C
76
けなくー まるめ てー なげ すーてて Ah ふ
けなくー まるめ てー なげ すー てて あ ら たな あし お とで ふ
ラ イー ドを なげ すーてて Ah ふ
Am7 C♯dim7 Dm B♭ B♭/C

80
mp
み ー な ら そう ー ぼ く ら は
み ー な ら そう ー
み ー な ら そう ー
F
B♭m
Csus4
84
I
ー あ たー ら し ー い ー ひ か り を さ が ー し こ こ に い る ー
div.
mp
Hum.
unis.
cresc.
か
Hum.
こ こ に い る
I B♭M7
C7/B♭
Am7
Dm
p cresc.
88
f
div.
か さ ー ね たー と き よ ー い つ の ひ に か ヒ カ
さ ー ね たー と き よ ー い つ ー の ひ ー に か ー ヒ カ
ー い つ の ひ ー に か ー ヒ カ
B♭M7
C
Am7
A7

J
92
unis.
div.
レ ー か が や く た め こ のしゅん ーかん ヒ ラ
レ ー か が や く た め こ のしゅん ーかん ヒ ラ
レ ー か が や く た め こ のしゅん ーかん ヒ ラ
J
B♭M9
C
Am
Dm
96
unis.
ケ ー み ら い へ ー ゆうかんに いこう ー
ケ ー み ら い へ ー ゆうかんに いこう ー
ケ ー み ら い へ ー ゆうかんに いこう ー
B♭M9
C
F
K
100
と ざー さ れ たー と び らー い ま
と ざー さ れ たー と び らー い ま
と ざー さ れ たー と び らー い ま
K
B♭M7
C
Am7
Dm

104
あ け ー て あ し ー た へ
あ け ー て あ し ー た へ
あ け ー て あ し ー た へ
B♭M7
B♭mM7
F
sempre f
108
L
più f
div.
さ ぁ ヒ カ
più f
さ ぁ ヒ カ
più f
さ ぁ ヒ カ
L
B♭M9
C
Am7
Dm
112
レ ー
レ ー
レ ー
B♭
B♭mM7
F

ヒカレ（ゆず）

作詞：北川悠仁

どこかへ置き忘れた夢　遠い物語
「叶わない」そうやって自分に　言い聞かせていた

それでも聴こえてくる　この声はどこから
心の奥で鳴り響く

突然突き動かす　抑えきれない衝動
始まり告げる音何度でも　まだ間に合うかな

僕らは新しい光を探しここにいる
重ねた時よ　いつの日にか
ヒカレ　輝くためこの瞬間
ヒラケ　未来へ勇敢に行こう

誰かが追いかける夢　僕を追い越していく
眩しくて目を背けた

本当の気持ちなんて　誰にも言えなかった
初めて伝えるよ君だけに　聞いてくれるかな

僕らの素晴らしい明日はこの手に託された
動き出すよ　何かが今
ヒカレ　夢へと放つ放物線
ヒラケ　世界を変えるチャンス

ありがとう　わかってきた　すべて意味になるね

なりたい自分になれるなら　もう一度あの日に戻れるなら
追いかけて儚く消えた　願いの欠片《かけら》達
しがみついていたいプライドを　あっけなく丸めて投げ捨てて
新たな足音で　踏みならそう

僕らは新しい光を探しここにいる
重ねた時よ　いつの日にか
ヒカレ　輝くためこの瞬間
ヒラケ　未来へ勇敢に行こう

閉ざされた　扉　今
開けて明日へ
さぁ　ヒカレ

MEMO

MEMO

ELEVATO
MUSIC ENTERTAINMENT

ELEVATO
MUSIC ENTERTAINMENT
エレヴァートミュージックエンターテイメントはウィンズスコアが
展開する「合唱楽譜・器楽系楽譜」を中心とした専門レーベルです。

ご注文について

エレヴァートミュージックエンターテイメントの商品は全国の楽器店、ならびに書店にてお求めになれますが、店頭でのご購入が困難な場合、下記PC&モバイルサイト・FAX・電話からのご注文で、直接ご購入が可能です。

◎PCサイト&モバイルサイトでのご注文方法

http://elevato-music.com

上記のアドレスへアクセスし、WEBショップにてご注文ください。

◎FAXでのご注文方法

FAX.03-6809-0594

24時間、ご注文を承ります。上記PCサイトよりFAXご注文用紙をダウンロードし、
印刷、ご記入の上ご送信ください。

◎お電話でのご注文方法

TEL.0120-713-771

営業時間内に電話いただければ、電話にてご注文を承ります。